# 지상의 하루

# 지상의 하루

임 보 시집

도서
출판

## ■ 머리의 말

이 사화집은 내가 갖는 최초의 시선집이다.

그 동안 세상에 내놓은 18권의 시집들 가운데서 처녀시집인『임보의 시들 〈59-74〉』와 선仙시집인『구름 위의 다락마을』그리고 최근에 나온『검은등뻐꾸기의 울음』『광화문 비각 앞에서 사람 기다리기』를 제외한 나머지 14권의 시집들에서 뽑아낸 것들이다.

언어권이 다른 사람들에게 읽혀도 무방하리라고 생각되는 작품들을 선택했다.

부디 이 시집을 간직한 이들이 시와 더불어 마음의 평화와 기쁨을 누릴 수 있게 되기를 기대해 마지않는다.

2017년 원단

삼각산 아래 운수재에서

임 보 적음

차례

## 모순의 손

## 적요의 밤

## 바퀴가 세상을 굴린다

## 하나의 노래



[시에 대한 담론]

# 비상

# 별

어둠을 탓하지 말라

모든 빛나는 것들은
어둠의 어깨를 짚고
비로소 일어선다

어둠이 깊을수록
별들이 더 반짝이듯

그렇게
한 시대의 별들도
어둠의 수렁에서 솟아오른다

## 비상飛上

높이 나는 새를
부러워 말라

결국 그가 깃들일 곳은
지상의 숲이다

* 세상에 군림하는 왕후장상들도 다 보통사람들과 함께 지상에 묻힌다.

# 꽃에게

꽃이여,
눈부신 너의 혓바닥에
마른 이 입술을 파묻고 싶다

그럴 수만 있다면 꽃이여,
타오르는 네 심장의 불꽃으로
부질없는 이 머리통
다 뭉개 버리고도 싶다

더더욱 그럴 수만 있다면
꽃이여,
이 세상을 꿰어차고
온몸으로 풍덩
너의 깊숙한 자궁 속에 빠져
익사하고 싶다

## 짝사랑

내 전생에 너를
얼마나 울렸기에

한평생 날 붙들고
잠 못 들게 하는가

사랑은
행복이 아니라 형벌일레

보이지 않는 끈으로
영혼을 묶는—

* 한평생을 두고 못 잊는 사랑을 간직한다는 것은 행복이 아니라 형벌이다.
그러나 베아트리체의 포로가 된 단테는 『신곡神曲』을 만들어 내지 않았던가.

# 가연佳緣

한 떨기
민들레꽃이여

참
눈물겹기도 하다

이 광활한 우주의
강기슭에서

문득 이 아침
너를 만나다니

* 이 세상에 우리가 만난 것들 중 기적 아닌 것이 없다.
모든 만남은 절대 유일한 것이다.
동일한 시간과 공간에서 어떠한 만남도 중복되지 않는다.

# 물의 칼

대장간의 화덕에서 벼린 굳은 쇠붙이만이
예리한 칼이 되는 것은 아니다

물로 가슴을 베인 적이 없는가?

해협을 향해 몰아치는
거대한 파도의 모서리가 아니라

몇 방울의 물

두 안구를 적시며 흐르는
가는 눈물방울도

사람의 가슴을 베는 칼이 된다

# 정치

정의는
지배자의 통치수단이요

법률은
권력자의 보호막이다

우중을 잠재우는
민주주의여

세상은 언제나
힘이 다스린다

* 이 지상에 민주주의는 이상일 뿐 존재하지 않는다.
도대체 민중을 대변하는 정치가가 어디 있단 말인가?
'정의'라는 것도 '법률'이라는 것도 늘 힘 있는 자의 편에서만 그 기능을 발휘한다.

## 우리[畜舍] 속 원숭이의 말

구경하는 사람들아,

내 눈에는
그대들이 갇힌 몸

다만 그대들의 우리[畜舍]가

내 것보다 좀 클 뿐

* 우리 안에 갇혀 있는 원숭이가 구경하고 있는 사람들을 향해 하는 말이다.
원숭이의 입장에서 보면 우리의 밖이 사람을 가두고 있는 우리의 속이 된다.
사실 따지고 보면 원숭이보다도 인간들이야말로 보이지 않는 많은 우리 속에 갇혀 살아가고 있지 않는가?

# 미켈란젤로

바티칸 박물관을 받치고 있는 것은

아름드리 거대한 석조 기둥들이 아니라

수천 명의 사제司祭들이 아니라

한 사람의 위대한 예술가의 손이다

* 바티칸 박물관에서 가장 사랑 받는 예술품은 미켈란젤로의 명화 「천지창소」와 「최후의 심판」이다. 이 그림들이 그려져 있는 성당에 가면 전 세계에서 몰려온 관람객들이 그야말로 입추의 여지가 없이 운집해 있다.

# 지푸라기

낟알을 다 뜯기고
만신창이로

들판에 버려진 지푸라기,
그러나

새의 부리에 물리면
보금자리가 되고

농부의 손에 잡히면
새끼줄이 된다

* 사물은 잡히는 손에 따라 의미가 살아난다.
도척盜跖의 손에 잡혀 도적이 되기도 하고,
명군名君의 손에 잡혀 재상이 되기도 한다.

# 아침

이슬 속에 반짝이는
영롱한 산천
산천을 몰아 삼킨
풀무치 한 놈

* 한 마리의 곤충도 신비로운 육신을 다 갖추고 있고,
하나의 원자도 태양계와 같은 구조를 지니고 있다.
한 방울의 이슬 속에 어찌 천지가 담겨 있지 않으리.
작은 것들의 오묘한 세계여!

## 산색山色

강물에 낚시 드리운 채
한나절을 산 그림자만 보고 있다
문득, 어인 일로 입질도 안 하지?
어허, 미끼도 채 잊었었네그려!

* 어부漁父의 낚시는 원래 어구漁具가 아니다.
자연 속에 묻혀 한가로움을 즐기는 도구道具다.
자신의 몸까지도 잊고 청정한 자연 속에 탐닉하는
그 무아경無我境이 부럽기만 하다.

## 불이不二

잎을 보는 자는 잎이라 하고
꽃을 보는 자는 꽃이라 한다
지옥을 사는 자는 지옥이요
열반을 사는 자는 열반이다

* 세상살이는 장님 코끼리 만지는 격이다.
잎이라고 여기며 사는 자도 있고
꽃이라고 여기며 사는 자도 있다.
만사는 마음먹기에 달려 있어서
불만 속에서 살면 늘 걱정을 떨쳐버리지 못하고
자족 속에서 살면 늘 평온을 즐길 수 있다.

# 불기弗羈*

저 마차馬車에 실려가는 것들
다 헛것이다, 보지 말아라
네 몸에 실린 살과 피 또한
네 것이 아니거늘

* 불기 : 얽매이지 않음. 거리낌이 없음.
* 우리는 늘 욕심 때문에 괴로워한다.
세상의 것들을 다 내 울타리 안으로만 끌어들이고자 한다.
그러나 조금만 생각해도 우리가 집착하고 있는 그것들이
얼마나 부질없는 것들인가를 곧 깨닫게 되리라.
우리의 육신 또한 잠시 빌려 쓰고 있는 덧없는 것이 아닌가.
사물을 있는 그대로 놓고 보라.
울타리를 무너뜨리는 일, 그것이 곧 해탈이다.

## 세상 벗기

노모老母가
팔십에 이르러
세상을 뒤엎네

오줌도 똥도 무서워 않고
자시는 음식 곁에
나란히 놓네

고승들이
평생을 걸어도
만지기 힘든 탈속脫俗을

염불도 모르는
저 어른
어떻게 깨쳤을까?

# 모순의 손

## 늙음

눈 어둠은 보기를 탐내지 말라는 뜻
귀 먹음은 듣기를 탐내지 말라는 뜻
이 빠짐은 먹기를 탐내지 말라는 뜻
잠 없음은 덧없이 꿈꾸지 말라는 뜻

* 늙음은 생명 활동의 쇠퇴를 뜻한다.
생명체는 그들의 임무, 곧 새끼를 생산하는 일이 끝나면
그만 돌아가도록 되어 있다.
서서히 돌아가고 있는 것이 곧 늙음이다.
감각은 무디어지고 육신은 낡아간다.
가는 것들을 억지로 붙들려는 것처럼 어리석은 일은 없다.

# 병病

거 뉘신가?

내 육신에 몰래 스며들어
집 짓는 자

내 뼈를 뽑아
서까래를 엮고

내 살을 이겨
벽을 바르나 보다

* 육신의 아픔으로 잠들지 못하는 밤은 참 길기도 하다.
때로는 대패로 밀고 망치로 못을 치는 것도 같다.

# 살풀이

동짓달 푸른 밤에
꽂힌 그믐달

눈바람 대숲으로
드는 부엉새

열두 폭 소복자락
닳는 황촛불

살煞 따라 혼魂 따라
푸는 징소리

* 거울 컴컴한 밤 그믐달이 비수처럼 서천에 꽂혀 있다.
눈 섞인 바람이 대숲을 흔들어대고 가끔 부엉이 깃 치는 소리 들린다. 방안에는 어느 한恨 서린 영혼을 달래는 굿판인가.
소복한 여인네가 징소리 따라 밤새워 춤을 추고 있다.

## 장송곡

드디어 그대는

달려가 박힌다

저 광활한 우주의

혈관 속에

* 죽음이란 무엇인가?
이 몸을 빚어낸 우주의 공간 속으로 다시 흩어져 돌아가는 환원이다.

# 자운영 꽃밭

저 시방정토 밝은 세상에
웬 연등들을 저리 내걸었나?

팔만 보살님들
붉은 가슴들을 열고
젖 보시 경쟁이다

모여든 꿀벌들
야단법석

왁자한
극락이다

# 다섯

매화, 도화, 벚, 무궁화……

꽃잎들이 다 다섯이다

나도 손가락, 발가락 다섯이다

우리는 아마 가까운 친족인가 보다

* 다섯 개의 꽃잎을 단 오판화五瓣花들이 눈에 많이 띈다.
  오지족五指族인 우리와 가까울 것만 같다.

## 손의 행적

어떤 손은 계산기를 두들기고
어떤 손은 염주를 굴린다

칼과 창을 벼리는 손도 있고
삽과 호미를 빚는 손도 있다

한때는 화투를 쥐던 손이
한때는 붓을 잡기도 한다

올무를 놓는 손도 있고
오라를 푸는 손도 있다

진주를 찾으려 시궁창을 헤집기도 하고
목숨을 걸고 폭탄의 뇌관을 열기도 한다

밤에는 은밀한 살을 더듬던 손이
낮에는 거룩한 경전을 펼치기도 한다

# 대[竹]

누에가 그 맑은 몸으로
은사銀絲의 가는 실을 뽑아내듯
대는 그 빈 몸으로 소리의 실을 뽑아낸다

그것을 못 믿겠거든
달이 밝은 밤 잠시
대밭에 나가 홀로 서 있어 보시라

아가의 손 같은 작은 댓잎들이
서로가 서로를 어루만지며
흰 달빛에 맑은 바람을 걸어
얼마나 신묘한 소리를 짜내는지

그래도 못 믿겠거든
저 단소나 대금의 가락을 들어보시라
대의 몸에서 풀려나온

영롱한 소리의 실에
그대의 귀가 깊이 묶이지 않던가?

대가 몸을 그렇게 비운 것은
한평생 자신이 빚은 소리의 실타래를
그 속에 담아 두기 위함이다

# 딱따구리에게

똑또르르르륵…… 똑또르르르륵……

숲을 걷다가 영롱한 음향에 귀가 선다
지상에서 가장 명징한 가락을 뽑아내는
타악기의 연주자는 딱따구리다
그의 단단한 부리가
마른 나무를 두드리는 저 소리

똑또르르르륵…… 똑또르르르륵……

집을 짓는 것도
먹이를 찾는 것도
그들에겐 다 즐거운 음악이다
굳은 부리로 1초에 15번을 두드린다는
저 신묘한 새의 신기神技도 신기지만,
한갓 마른 나무의 몸통이 그처럼 맑은
소리를 품고 있다니 놀라운 일이다

똑또르르르륵…… 똑또르르르륵……

숲 사이로 쏟아져 내리는 햇살이 눈부시다

똑또르르르륵…… 똑또르르르륵……

딱따구리여,
날카로운 네 부리로 이 머리통을 때려 다오
부질없는 망상의 이 골통을 찍어 다오
한 가닥 맑은 소리를 뽑아내 다오
텅 빈 영혼의 악기를 만들어 다오

똑또르르르륵…… 똑또르르르륵……

## 어느 인디언 추장의 기도

어머니 대지여,
당신의 등뼈를 뚫어 길을 만들고
당신의 심장에서 기름을 뽑아 수레를 모는
저 문명의 야만인들을 보소서!
당신의 핏줄인 흐르는 강을 막아 둑을 쌓고
당신의 살인 기름진 들판에 굴뚝을 꽂아
천기天氣를 더럽히는 저 반역의 무리들을 보소서!
철의 날개를 달아 하늘의 구름을 쪼개고
쇠의 지느러미를 세워 바다의 물결을 가르는
저 영악한 족속들을!
당신의 가슴 위에 산보다 더 높은 모래성을 쌓아
환락의 도시를 꾸미고
선량한 짐승들의 가죽을 벗겨
자신들의 더러운 몸을 감싸는
저 간악한 백정들을!
나귀에 말을 붙여 노새를 만들고
자두에 복숭아를 붙여 천도를 만드는

하늘의 씨를 간음하는 뚜쟁이들!
지상의 온갖 씨들을 훔치는 날도적들!
저들이 밟은 산은 무너져 마른 숲들로 대지는 병들고
저들이 만진 물은 독이 올라 죽은 고기들로 강물은 썩도다
어머니 대지여!
천방지축 저들이 달려간 불의 길이
얼마나 무서운 죄악인가를 깨닫게 하소서
물질과 허욕을 좇고, 힘과 지혜를 겨루는 일이
얼마나 고되고 덧없는 것인가를 깨우쳐 주소서
당신이 사랑하는 자손들은 인류만이 아닌
당신의 품에 안긴 모든 생명들인 것을 일깨워 주소서
그리하여 애초 당신이 지으신 대로
겸손하고 소박한 우애롭고 선량한 인간들로 돌아오게 하소서

저들의 만행을 심판하려는 지옥의 불길이 보입니다

허나 어머니여! 잠시 늦추시고

저들의 뉘우침을 조금만 더 기다려 주소서!

## 모순의 손

대장간의 같은 불구덩이에서
어제는 호미를 만들던 손이
오늘은 칼을 벼리기도 한다

포옹을 하는 손
멱살을 잡는 손
어떤 손은 염주를 굴리고
어떤 손은 올무를 놓는다

한 손엔 창을
또 한 손엔 방패를 쥔
지상의 모순이여!

손으로 일어난 인간들
자신의 손에 결박되어
장차 어둠속에 묻히리라

# 자연학교

그것도 괜찮으리
시골 학교 교장
발 빠른 사람들은 이미 다 떠나고
느린 사람들만 아직 몇 남아
산과 들을 지키고 있는 산골
전교생이 모두 십여 명
학년과 반 구분도 없이
한 교실에서 오순도순 지내는
그런 평화의 학교
거기
교사이며 교장이며 사환인
그런 삶도 괜찮으리

얘들아, 오늘은 개울가로 가자
못생긴 물풍뎅이가 얼마나 헤엄을 잘 치며
늘 보는 여뀌풀이 얼마나 예쁜 꽃을 감추고 있는지
가서 찾아보자꾸나

책에 담긴 말들은 믿을 만한 것이 못 된단다
그것들은 탐욕과 논리로 너희들의 마음을 어지럽히고
타고난 너희들의 천진과 평화를 더럽힐 뿐
믿을 만한 가장 정직한 책은
너희 곁에 저렇게 펼쳐진 산과 들이란다
굳은 땅을 뚫고 돋아나는 여린 싹들
햇살에 반짝이는 곤충들의 투명한 날개
허공을 맴도는 수리의 날카로운 눈매
황소의 단단한 뿔
향긋한 쑥 냄새
종달새의 간지러운 지저귐
모두가 다 너희들의 정직한 스승이구나
내가 할 수 있는 일은
너희들의 눈과 귀를 열게 하는 것일 뿐
교장은 종일 뒷짐이나 지고 서서
흘러가는 구름이나 바라보고 서 있겠구나

## 지상의 하루

우리가 여기 오기 위해
몇 억만 년을 기다리고 또 기다렸는가
우리가 여기 이렇게 서기 위해
몇 억만의 우리 조상들 몸을 빌어
그렇게 숨어 흘러내려 왔는가
아, 우리가 바로 이런 우리이기 위해
이 손과 발
이 가슴과 머리
바로 이러한 우리이기 위해
끝도 없는 저 우주로부터
무량의 빛과 구름을 모아
이 육신을 그렇게 빚었거니
오늘의 이 청명한 지상의 일기
산과 바다 저 찬란한 자연의 풍광
천둥과 바람 저 감미로운 자연의 운율
이보다 더 고운 낙원이 어디 또 있겠는가
천국을 팔아 지상을 더럽히는 어리석은 자들아

혹 그대 오늘의 삶이 그렇게 고되고 괴로움은
그대의 헛된 욕망과 미망 때문일 뿐
눈부신 이 지상의 하루
몇 억만 년 만의 황홀이거니
깨어 있는 눈으로 세상을 다시 보면
그대의 집 뜰이 낙원의 한가운데에 자리하고 있음을
비로소 눈물겹게 맞게 되리니

# 길 없는 길

강물 위에 앉았다가
일제히 하늘을 향해 날아오르는
수천 마리 철새 떼들의 일사불란
그들은 길 없는 허공 길을 평화롭게 날아
그들의 고향에 이른다

바다 속을 헤엄쳐 가는
수만 마리의 물고기 떼들
어떠한 암초와 수초에도 걸리지 않고
수만 리 길 없는 물길을 거슬러
그들의 모천에 닿는다

그러나
이 지상에 수천만의 길을 만들어 놓고도
제 길을 제대로 찾아가지 못해
좌충우돌 피를 흘리며 주저앉는 사람들
그들은 고향도 모천도 못 찾고 허둥댄다

길이 없으면
세상이 다 길인데
사람들은 길을 만들어
천만의 길을 다 죽인다

# 손의 언어

주먹을 불끈 쥐면 분노
두 손을 비비면 애원

움켜잡으면 욕망
가만히 내밀면 구걸

쓰다듬으면 애무가 되지만
어깨 위로 들어 흔들면 작별

하나의 검지로 사람들은
지시, 선택, 야유, 고발을 한다

엄지를 세워
공중으로 쳐들면 으뜸
지상으로 내리꽂으면 죽임

엄지와 검지만을 둥글게 맞대면 돈

검지와 중지 사이에 엄지를 끼우면 음부

새끼손가락은 은밀한 여인
엄지는 우두머리

때로는 칼이 되기도 하고
때로는 총이 되기도 한다

아니, 귀가 닫힌 이들은
두 개의 손으로 얼마나 많은 말들을 빚어내던가

# 적요의 밤

# 감동

코끼리는 코가 감동
사슴은 뿔이 감동

장미의 감동은 빛깔이고
난초의 감동은 향기다

감동을 못 가진 것들의
적막이여,

사람은 무엇이 감동인가?
혀끝에 매달린 눈부신 언어

언어의 마술사
시인이여!

# 눈부신 귀향

봄이 되면 꽃들은 용케도 제 집들을 찾아 피어난다

보라,
노란 개나리꽃은 어둠의 흙 속에서 헤매고 다니다 봄이 되면
가는 개나리 뿌리에 스며들어 언 개나리 줄기를 녹이며 타고 올라
작은 꽃눈의 창문을 찾아 열고 활짝 밖을 내다보지 않던가?

분홍의 진달래꽃은 진달래 제 번지를
노란 민들레꽃은 민들레 제 번지를
해마다 찾는 제 집들을 놓친 적이 없다

백목련은 백목련 가지에
자목련은 자목련 가지에
더러 바뀔 만도 한데 엇갈린 적이 없다

술 취한 사람들은 한밤중에 가끔 제 집 찾기가 헷갈려
남의 집 초인종을 누르다 낭패를 당하기도 하는데
꽃들은 그런 일이 전혀 없다

연어가 먼 대양을 떠돌며 살아가다
씨를 뿌릴 때가 되면 수만 리를 거슬러 그의 모천을 찾아가
거센 물살을 헤쳐 오르며 맑은 자갈밭을 열고 알을 낳듯이

수만 가지 나무의 영혼들도
지하의 어둠 속을 떠돌며 헤매고 다니다가도 때가 되면
제 고향 나무들을 찾아 그처럼 눈부신 회향을 한다

사람들아, 저 가지마다에 얼굴 내밀고 있는 화사

한 귀향들을

벌 나비들이 얼마나 찬양하는지 보지 않았는가

머지않아 주렁주렁 그들의 고운 씨가 매달릴 것이다

# 말[言]

세상에 발언 아닌 것은 없다
말만 말이 아니라 침묵도 말이다

인간만이 말을 하는 것이 아니라
동물과 식물들도
끊임없이 말을 한다

지저귀는 새는 말할 것도 없고
보라, 잎이며 꽃이며
얼마나 열렬한 몸짓들로 말을 하는가

아니, 떠가는 구름,
구르지 않는 돌일지라도
말이 없다고 이르지 말라

다만
우리의 귀가 너무 둔해
그들의 소리를 들을 수 없을 뿐……

## 크레도스를 몰면서

내 윤마輪馬는 97형 1.8 DOHC 크레도스다
여기저기 자잘한 외상을 입기는 했어도
아직은 잘 달린다

매주 월요일 아침
서울 우이동에서 동부간선도로, 중부고속도로를
거쳐
청주의 내 직장까지 나를 데려다 준다

액셀을 밟은 내 발이 나를 싣고 간다

아니, 발이 아니라 크레도스의 바퀴가,

아니, 바퀴가 아니라 엔진이 나를 싣고 간다

아니, 기름이다, 중동산 가솔린,

아니 원유다, 수천 미터 지하에 수만 년 묻혀 있던 원유,

아니, 원시의 거대한 유기물– 동·식물이다

아니, 태양이다, 우주다

수억 만 년 응축된 우주의 힘이
지금 나의 애마愛馬 크레도스를 몰고 있다

# 울타리

울타리는
경계와 경계 사이에 설치된 장애물이다

초가집 울타리는 수수깡이 되기도 하고
과수원 울타리는 탱자나무인 수도 있다

돌이나 흙으로 쌓은 담도 있고
철사나 철망으로 막은 철조망도 있다

개나리, 쥐똥나무의 부드러운 나무울타리
블록이나 시멘트로 높이 차단한 단단한 벽

울타리는 도둑이나 적들을 막는 방어진인데
섬을 가둔 바다를 물의 울타리라 부른 시인도 있다

인간이 만든 가장 긴 울타리는 만리장성
그러나 신이 만든 보이지 않는 울타리도 있다

보라, 지상과 천국 사이에 설치된
저 완벽한 허공!

# 물의 소요逍遙

공복의 아침,
지난밤 독주에 혹사당한 장을 달래기 위해
한 컵의 생수를 마신다
쪼르륵 내장으로 스며드는 시원한 냉수의 맛
수 억만 개의 물의 분자들이 혈관을 타고
이윽고 체내에 침투해 들어가리라

한때는 바다에 머물었다가
한때는 구름 속 떠돌이었다가
한때는 소나기 방울이었다가

한때는 수목의 혈관을 흐르다가
한때는 짐승의 내장을 적시다가
한때는 새의 분비물에 섞였다가

어쩌다 지하 깊숙이 스며들어
천만리 수맥으로 수천 년 흐르다가

어느 날 문득 붙들려 지상에 끌려나온 너
플라스틱 병 속에 감금되어 참 멀리도 달려왔구나
이 아침 너와의 만남 참 묘연도 하다

그러나 내일이면 또 내 몸을 빠져나가
다시 얼마나 긴 무량 세월을
무궁 세상과 뭇 중생들의 몸속을 떠돌며
보시행을 멈추지 않을 것인가
참 아득도 하구나 그대의 길이여!

## 늦은 답장

어떤 편지의 답장은 하루 만에 오기도 하지만
또 어떤 편지의 답신은 열흘이 넘기도 합니다
수만 리 밖 이국으로 띄워 보낸 소식은
되돌아오는 데 달포가 소요되기도 합니다
그렇다고 회신의 속도가 꼭 거리와 비례하는 건 아닙니다
가까운 곳에 사는 사람에게서도 회신이 늦는 경우가 있습니다
밤마다 쓰고 지우고 한 답장이 수십 년 걸리는 수도 있으니까요
간절한 사연일수록 되돌아오는 데 많은 시간이 걸리는지 모릅니다

어제 조그만 화분 하나가 우리 집에 배달되었습니다
'천사의 나팔'이라는 이름을 달고 있는 신기한 화초인데

화분 곁에 분홍색 쪽지가 하나 끼어 있었습니다

초등학교 3학년 때 가정방문을 오신 선생님 따라
읍내의 예쁜 소녀가 산골 우리 집엘 찾아왔습니다
황홀한 이 손님들에게 무엇을 드려야 하나?
장독대 곁에 피어 있던 작약꽃 두 송이를 따서
선생님과 그 아이의 손에 쥐어 주었습니다
그렇게 해서 나는
그녀에게 꽃을 준 첫 남자가 되었습니다

그 작약꽃 한 송이가
'천사의 나팔'이 되어 돌아오는 데는
한평생이 걸렸습니다

## 신발

무릇 세상의 모든 것들은 제 나름의 신발들을 신고 있다
배는 물의 신발 위에 있고
달은 구름의 신발을 달고 있는 셈이다
지금의 차는 둥근 수레의 신발을 굴리며 단숨에 천 리를 달리기도 하지만
옛날의 가마는 사람의 어깨를 신고 하루에 백 리를 가기도 했다
어떤 것들은 너무 크고 무거운 신발에 갇혀 움직이지 못하기도 한다
넓은 대지의 신발을 신고 있는 산들이 그러하고
깊은 흙의 신발을 신고 있는 나무들이 또한 그러하다
일찍이 내 조부께서는 잘 마른 오동나무 조각으로 나막신을 만들어 내게 신겼다
때로는 삼과 왕골속을 촘촘히 엮어 곱게 물을 들인 미투리를 신기기도 했다

그분이 세상을 뜨고, 내 나이 들어 어지러운 저자 골목을 굴러다니면서
내 발목에 끼운 신발들은 모두 선량한 짐승들의 가죽이었다
그동안 내 몇 놈의 소와 말의 가죽에 얹혀 세상을 살아 왔던가
문득 오늘 아침 내 발이 사뭇 부끄러워
잠시 맨발로 땅에 내려 서 본다

## 적요寂寥의 밤

적요의 밤
내 등이 가렵다
히말라야의 어느 설산에
눈사태가 나는가 보다

적요의 밤
귀가 가렵다
남태평양의 어느 무인도에
거센 파도가 이는가 보다

적요의 밤
잠이 오지 않는다
내 은하계의 어느 행성에
오색의 운석들이 떨어지고 있나 보다

적요의 밤
어디선가 밀려오는 향훈……

내가 떠나왔던 아득한 전생의 종루에서
누군가 지금 종을 울리고 있나 보다

## 사람을 찾음

저 나그네 누구신가?
어디서 본 듯도 한 낯선 사내

머리는 세고
이빨은 다 무너진 채
오래 헤어졌다 문득 나타난
어린 시절의 친구 같은—

먼 길을 걸어온 듯
우수 어린 눈빛도
아프구나!

아, 그대는 정녕 누구신가?
문득 이 아침 나를 내다보고 있는
거울 속의 저 사내

## 쓸쓸한 비결秘訣

이제껏 세상이 내게 그랬던 것처럼 마지막
죽음이 내 육신을 물어 뭉그러뜨린 뒤에도
나는 다시 살아날 것이다

내가 뿌린 문자의 씨가 한 톨이라도
이 지상에 남아 있는 한
나는 활자의 어두운 창을 열고 부활할 것이다

그리하여 선량한 사람들의 가슴속에 몰래 파고들어
곤충처럼 수억만 개의 알을 슬 것이다

어느 날 그들의 육신을 뚫고
하늘을 향해 비상해 오를 수억만 마리의 나방이
떼!

그날에 내 활자를 지닌 자는 복을 누릴지니
나방이와 더불어 천국에 이르리라

# 움켜쥔다

입들은 먹이를 움켜쥐고
수컷은 암컷을 움켜쥔다

몇 푼의 돈을 움켜쥐기 위해
사람들은 또 얼마나 혈안인가?
하기사
세상의 모든 것들은 다 움켜쥐고 있다

노른자와 흰자를 움켜쥐고 있는 둥근 달걀
검은 씨와 과즙을 움켜쥐고 있는 빨간 사과

길가에 놓인 한 덩이 돌도
얼마나 힘껏 움켜쥐고 있는가?
단단한 정釘으로도 우리는
그의 손을 펴기가 쉽지 않다

## 세월에 대한 비유

세월이 거북이처럼 느리다고
20대의 청년이 말했다

세월이 유수流水처럼 흘러간다고
40대의 중년이 말했다

세월이 날아가는 화살이라고
50대의 초로初老가 말했다

세월이 전광석화電光石火라고
70대의 노년이 말했다

한평생이 눈 깜작할 사이라고
마침내 세상을 뜨는 이가 말했다

## 삶에 관한 물음

어떤 이는
세상을 등지고 깊은 산골에 들어가
산새들의 울음소리나 듣고
산나물이나 씹으며 조용히 살라고 한다

어떤 이는
호숫가 풍치 좋은 곳을 찾아 정자를 세우고
낚싯대나 드리우고 시나 읊조리며
한가하게 살라고 한다

어떤 이는
거친 세상에 나가 수많은 사람들과 부대끼며
세상의 달고 쓴 맛들을 다 맛보며 살라고 한다

어떤 스승은
능력이 소중하니 배우고 익혀 힘을 기르라고도 하고

어떤 친구는
재산이 소중하니 많은 돈을 모으며 살라고도 하고
어떤 선배는
사람이 중요하니 좋은 이웃들을 많이 만들라고도
한다

도대체
어떻게 살아야 하는 것인지 묻고 다니다
어느덧
한평생 다 보내고 말았다

# 생애

하루살이의 일생은 하루다
아침에 태어나서 저녁에 떠난다

어떤 미생물의 목숨은
태어나자 바로 죽는
몇 분의 1초에 불과한 것도 있다
그러니 그 미생물의 눈으로 보면
하루살이의 생애는 길고도 참 길다

인간은 한 80년 지상에 머문다
섭생을 잘 하면 100년쯤 버티기도 한다
그런데 어떤 수목은 몇 천 년을 살기도 한다
그러니 그 나무에 비하면
인간의 목숨도 하루살이에 지나지 않는다

수백만 년 인류의 역사도 새발의 피
수유須臾에 지나지 않는다

지구의 생애를 1년 – 365일로 친다면
이 지상에 군림한 인류의 역사는
1분도 채 되지 않는다고
어느 지질학자는 독백한다

# 바퀴가 세상을 굴린다

## 우리들의 생애

겨울이 길고 봄이 더디 올지라도

이웃이 자주 우리를 괴롭힐지라도

세상이 우리를 돌아보지 않을지라도

행운이 늘 우리만을 외면할지라도

엿새를 일하고 하루만 쉴지라도

때로는 사랑이 우리를 배반할지라도

남루가 우리의 육신을 허전케 할지라도

늘 패배의 쓴잔을 삼키며 잠 못 들지라도

그래도 아직은 견딜 만한 우리들의 생애!

# 우리들은 다 완벽하다

독수리는 독수리의 눈으로 세상을 보고
부엉이는 부엉이의 눈으로 세상을 본다

보라매의 부리는 먹이를 쪼는 창이지만
딱따구리의 부리는 집을 짓는 연장이다

물에 사는 오리의 발은 물갈퀴요
뭍에 사는 닭의 발은 흙갈퀴다

창공에 날개 드리운 수리부엉이여
한 마리의 벌 나비를 비웃지 마라

그대가 어이 알리
꽃 속의 달콤한 이 꿀맛을

## 사랑에 관한 충고

눈은 보기 위해 열려 있고
귀는 듣기 위해 뚫려 있다

닫힌 눈, 막힌 귀가
우리를 슬프게 한 것은 그 때문이다

발은 걷기 위해
손은 잡기 위해

울리지 않는 종은 종이 아니다
열매를 모르는 꽃은 꽃이 아니다

아, 사랑을 모르는 척하는 그대여!
잔인한 적막이여!

그것은 순결이 아니라
우주의 파산破産이다

# 천국의 문

세상의 종말이 왔다
이 지상에서 제일 소중한 것 하나씩만 가지고
저 세상에 가도록 허락했다

어떤 자는 무거운 황금 뭉치를 낑낑대며 지고 간다
어떤 자는 연인의 손을 잡고 시시덕거리며 간다
어떤 농부는 씨앗 주머니를 소중히 안고 가기도 하고
어떤 어부는 큰 그물을 메고 가기도 한다
말을 타고 가는 자도 있고
수레를 끌고 가는 자도 있다

당신은 무엇을 가지고 가겠는가?

그런데
천상의 입구에 이르렀을 때
한 사람에게만 문이 열렸다

병든 노모를 업고 온

가난한 등대지기였다

# 막막한 답안지

세상은 거대한 학교다
우리는 시험을 치르는 학생
출제자도 감독도 보이지 않는
개방된 교실에서
풀어야 할 끝없는 문제들에
둘러 싸여 있다

별들은 왜 반짝이는가?
태양은 왜 그리 눈부시고
달빛은 왜 그리 적막한가?
창공을 나는 새들
광야를 달리는 짐승들
대지에 뿌리박은 수목들
물고기며 곤충이며
우리의 이웃들은 누구인가?
우리는 다 어디서 와서
어디로 돌아가는가?

매일 아침부터 저녁까지
한평생 씨름을 하지만
하나도 풀지 못하고
빈 답안지만 안고
넋을 놓고 있다

언제쯤 감독관이 나타나
내 답안지를 회수하며
불량 열등 학생이라고
머리에 꿀밤을 먹이면서
유급을 명할지도 모르겠다

## 물의 세상

남해 거문도쯤에서
한 40분만 바다로 달려 나가 보면
이 세상은 뭍[陸]이 아니라
물[海]이라는 사실을 알게 된다
지상의 7할이 물로 뒤덮여 있고
바다의 깊이가 산들의 높이보다 더하니
우리 사는 이 세상은
지구地球가 아니라 수구水球,
하나의 큰 물방울—푸른 수국水國이다
거친 바다의 물결을 가르며
날듯이 헤엄쳐 가는 저 상어의 무리들을 보라
엔진도 프로펠러도 달지 않았지만
그들은 얼마나 눈부시게 비상하는가
물나라의 왕자들
그들이 이 세상의 주인이다
뭍에 붙어사는 생명들은 한갓 더부살이일 뿐
지상에 군림하는 간악한 인간들이여

그대들이 강자라고?

물속의 세상에선 단 몇 분도 맨몸으로 버티지 못하는

나약한 무리들일 뿐

너희는 이 세상을 더럽히고 파괴하는

불량배에 지나지 않을 뿐

이 세상의 주인은 비늘 번득이는 어족魚族들

이 세상의 황제는 수궁水宮에 있다

## 필봉筆鋒

붓이 창보다 무섭다고 한다
언론의 힘을 갈파한 말이다

예리한 필봉에 찔리면
하루아침에 재벌도 무너지고
재상도 목이 달아나는 수가 있다

그러니
붓의 힘이 얼마나 대단한가?

가진 것 하나 없는 나는
붓의 힘만 믿고
한평생 그놈을 붙들고 필력을 길렀다

전가傳家의 보검寶劍을 꿈꾼
광야의 검객처럼
허공을 베며 때를 기다렸다

그러나
세상은 내 필봉을 거들떠도 안 본다
도대체 이놈의 세상이 겁이 없는 걸까?
아니면, 내 붓이 너무 무딘 걸까?

지금껏
내 필봉에 떠는 사람은 오직 하나
자신의 얘기를 함부로 세상에 떠벌리지 말라고
애걸하는

허약한
내 아내가 있을 뿐이다

# 아메리카 대륙을 점령하는 비법

아메리카로 건너가서
열 명의 자녀를 낳아 기른 다음
그 자녀들에게 또 열 명씩의 자손을 낳게 하고
그 자손들에게 또 열 명씩의 자손을 낳게 하는
엄격한 계명을 세우라

그리하면
10세대가 지난 300년 후가 되면
그대의 후손들이 10의 10승－ 물경 100억이 된다
그 100억의 후손들 가운데 하나를 내세워
대통령을 만들면(미국은 민주주의니까)
아메리카 대륙은 바로 그대의 것이 된다

대륙을 점령하는 가장 큰 무기는
무력과 재력이 아니라
인력 곧 사람의 숫자다

아메리카 대륙을 점령했다고
양심의 가책을 느낄 필요는 없다
애초에 그 땅의 주인도
그들이 아니었으니까

## 사자와 사람

배부른 사자는
사냥하지 않는다
그러나
사람은 먹이를 쌓아 두고도
그물을 던진다

굶어 죽은 사자는
아직 지상에 없다
그러나
가장 많이 굶주려 죽은 동물은
인간이다

사자는
제 몫만 챙기면
나누어 갖도록 두지만

사람은

곳간을 만들어

먹이를 가두기 때문이다

# 바람을 몰고 가는 소녀

높다란 둑길을 빨간 자전거 하나 굴러갑니다

하얀 원피스의 목련꽃이 핸들을 잡았습니다

신명나게 굴러가는 바퀴가 바람을 일으켜
짧은 치맛자락이 펄럭입니다

아니, 목련꽃 치마 밑이 궁금한지
앞에 있던 바람들이 달려와 치마를 자꾸 들춥니다

길가 수양버들 실가지들이 흔들흔들 합니다

개울에 있던 왜가리도 목을 길게 빼고 두리번거립니다

앞산 숲 속 어디선가 뻐꾸기도 조급히 울고

늙은 농부도 빠진 이를 드러낸 채
허수아비처럼 멍하니 논 가운데 서 있습니다

# 바퀴가 세상을 굴린다

두 바퀴의 자전거를 타고 가는 사람을 보면 참 신통하다
애초에 누가 저 기발한, 아니 엉뚱한 발상을 했을까?
두 바퀴를 굴리면서도 넘어지지 않고 갈 수 있을 것이라는-

그보다도 어떻게 바퀴를 생각할 수 있었을까?
짐승이나 사람들이 네 발이나 혹은 두 발로 땅을 기던 세상에서
어떻게 굴러가는 바퀴를 생각할 수 있었을까?
둥근 과일이 굴러가는 것을 보고
혹은 둥근 돌멩이가 굴러가는 것을 보고 생각해냈을까?

가마나 말의 등에 얹혀가던 사람들이
수레를 만들고 마차를 만들고

자동차 기차 전차로 대륙을 누비고 다니니
하느님도 참, 이럴 줄 아셨으면
처음부터 두 다리 대신에 두 바퀴를 몸뚱이에 달아줄 걸
하고 후회하실지 모를 일이다

하지만 사람들에게 바퀴와 날개를 안 달아 주신 걸 보면
다 뜻이 있었던 것 같기도 하다

천천히 가거라 넘어질라
굴러가다 부서지고
날아가다 떨어지면 안 될 거라고
인간의 교만을 미리 겨냥해서 그렇게 설계한 것인데

인간들의 욕심과 재주가 어디 분수를 아는가?
바퀴를 가지고 별것들을 다 만들어 낸다

물레방아, 톱니바퀴, 엔진, 터빈, 프로펠러,
전기를, 컴퓨터를, 로켓을 만들어
세상을 신나게 굴리고 있다

하기야 지구의 자전과 공전 그 운행도
굴러가는 바퀴의 형국이니
인간만을 탓할 일도 아닐지 모르겠다

# 구급 유예

놈은 숨을 깔딱거리며 죽어가고 있다
절도 있게 움직이던 손과 발이
제자리에 묶인 채 달싹거리기만 한다
발은 6에 손은 9에 걸려 넘어가지 못 한다
수백 일 광야를 헤매다 지쳐 쓰러진
선지자들의 발도 아마 저러하리라
아, 꺼져가는 심장,
나는 저놈을 살릴 수 있다
내 의지가 발동만 하면 당장
저놈을 일으켜 씩씩하게 움직일 수 있다
나의 권능
1.5볼트 건전지
새로운 심장만 바꿔 끼우면 된다
그러나
내 발과 손이 아직 움직이지 않아
정지된 시간은 박제되어 있다

# 지상의 강자

인간들이 이 지상을 지배하는 영장이라고 한다
몇백 미터 높이의 거대한 빌딩을 세우고
댐을 만들어 강물을 가두기도 하고
육지를 뚫어 뱃길을 내기도 하고
바다를 막아 뭍을 만들기도 하고
모든 동물과 식물들을 통제하며 살아가니
인간들이 이 지상의 주인이라고 할 만도 하다

그러나 배를 타고 망망대해에 나가 보라
물의 세상에서는 인간들이 얼마나 무력한가?
장비를 갖추지 않고는 단 몇 분도 버틸 수 없다
수면을 뚫고 바다를 가[耕]는 상어의 무리나
파도를 가르고 몸을 뒤채는 고래의 무리를 보라
물의 주인은 역시 푸른 지느러미의 어족들
그들이 광막한 수국水國의 지배자임을 알리라

지상이라고 해서 결코 만만한 것은 아니다

고비나 사하라 혹은 타클라마칸 사막에 가 보라
낙타가 없다면 전갈에 발꿈치를 물리고 말리라
아마존이나 베트남 혹은 자바의 밀림에 가 보라
악어나 아나콘다 같은 파충류에 몸서리를 치리라
아니, 인간들이 터 잡아 살고 있는 이 문명의 땅도
사실 군림하는 것은 인간이 아닌 다른 생명체다

눈에 보이지도 않는 수억만 군의 작은 바이러스들이
주변에 득실거리며 우리의 생명을 노리고 있다
몸속의 전사 백혈구들은 불철주야 이들과 싸운다
이들과의 전투에서 패배하면 곧 사망에 이른다
페스트가 사람의 마을을 황폐하게 하기도 하고
구제역이 소 돼지들의 가축을 몰살하기도 하고
조류독감이 닭 오리들을 휩쓸어 가기도 한다

인간들이 이 세상의 주인이라고?
천만의 말씀이다

바다의 고래도 지상의 코끼리도
사자도 인간도 마지막 넘어뜨린 것은 그들
무너진 육신을 말끔히 먹어치운 것도 그들
눈에 잘 보이지도 않는 작은 미생물들이다
이들이 이 세상에서 가장 두려운 강자다

# 나무는 왜 뜨겁지 않은가

수십만 개의 집열판 잎으로
온종일 햇볕을 그렇게 끌어들이고도

수십만 개의 예리한 뿌리로
온종일 지열을 그렇게 빨아들이고도

나무는 왜 그리 차가운가?

네 발로 대지를 달리는 길짐승이여
두 날개로 공중을 나는 날짐승이여

몇 알의 곡식, 몇 점의 살코기를 찾아
높은 산과 넓은 들판을 헤매는

짐승들의 피는 왜 그리 뜨거운가?

나무는 너무 많이 먹어
배설하는 일이 없기 때문이다

# 나무를 보며

이른 봄 돋아난 여린 잎은 나물이 되기도 하고
눈부신 꽃들은 벌들의 잔치마당이 아니던가?

여름 한낮 더운 몸을 식혀 주는 시원한 그늘
가을 저녁 짐승들의 빈 배를 채운 고소한 열매

사람들은 마른 가지로 겨울의 스토브를 덥히고
드디어 몸통을 잘라 집의 기둥을 삼기도 한다

나무의 한평생은 그렇게 베풂인데
너는 세상에 무엇을 준 적이 있는가?

# 하나의 노래

## 사냥

에스키모 인들이 그 영악한 여우를 잡는 방법이 이렇답니다

칼을 예리하게 잘 갈아 얼음 판 위에 거꾸로 꽂아 고정시킵니다

그리고 칼의 표면에 꿀이나 동물의 피를 발라 놓습니다

지나가던 굶주린 여우가 꿀이나 피의 냄새를 맡고 칼을 핥습니다

혀가 칼날에 베이어 피가 흐릅니다

흐르는 피가 자신의 것인지도 모르고 계속 핥습니다

## 개밥그릇

한 나그네 시골 주막에 들러 막걸리 한 사발 마시고 있는데

마당 한 귀퉁이에 놓여 있는 개밥그릇이 눈에 들어왔다

제법 쓸 만한 백자 막사발이 아닌가?

개는 잡종 똥개인데 밥그릇 호사를 하는구나

저 멍청한 주인이 백자도 못 알아보고

개밥그릇으로 쓰고 있나 싶어 피식 웃음이 나왔다

옳지, 저놈을 내 수중에 넣고 가야지……

나그네 속으로 이 궁리 저 궁리 한다

저 그릇을 그냥 팔라고 하면 눈치를 채게 될 터이고―,

옳지, 저 개를 사겠다고 하여 덤으로 얻어가야겠다고 꾀를 낸다

나그네가 주인을 불러, 혹 개를 팔지 않겠느냐고 묻자

의외로 주인이 선선히 팔겠노라고 대답한다

그래서 나그네는 주인이 요구한 대로 헐찮은 개값을 치른 다음

지나가는 말처럼, 저 개밥그릇을 끼워 줄 수 없는가고 묻는다

그러자, 주인이 머리를 긁적이며 대답하길

"저 밥그릇 덕으로 개를 여러 마리 팔았습죠!"

# 숲의 회의

낮과 함께 동물들의 발자취가 사라지면
밤과 더불어 식물들의 나라가 시작됩니다
동물들은 빛의 힘으로 세상을 보지만
식물들은 바람의 전령으로 말을 주고받으므로
어둠 속에서도 서로를 잘 압니다

소나무 숲에서는 소나무들이
참나무 숲에서는 참나무들이
대나무 숲에서는 대나무들이
끼리끼리 모여서 회의들을 합니다
사람들이 밀고 오는 불도저를 놓고
핏대를 올리기도 하고
새로 만들어진 댐을 놓고
고함을 지르기도 합니다

논에서는 벼들이
밭에서는 옥수수며 콩이며 고추며 곡식들이

과수원에서는 사과며 배며 복숭아며 과일나무들이
일 년 농사 지어 봤자 다 헛일이라고
불평불만들이 이만저만이 아닙니다

어디 그뿐인가요
산자락 풀밭에서는 오만가지 잡초들이 모여
제 이름들을 놓고 투덜댑니다
왜 나는 쥐오줌풀이지?
왜 나는 애기똥풀이야?
개불알은 또 어떻고!
며느리밑씻개도 있는 걸!

못된 사람들 가만두면 안 되겠다고
그들은 연판장을 돌리기로 작정합니다
그리하여 바람의 전령들은 밤새 분주합니다
나무들의 산동네에서 들녘의 논밭 단지로
과수원 마을을 거쳐 경사진 잡초밭으로……

그런데 동이 트고 빛이 세상을 다시 점령하자
그들이 밤새 했던 모의가 부질없음을 깨닫게 됩니다
젠장! 그들의 말, 그들의 생각을
사람들의 귀에 담을 수가 없으니 말입니다

## 관전觀戰

세상에서 가장 즐거운 것은
싸움 구경이다

쪼고 할퀴는 닭싸움
밀고 받는 소싸움
타고 달리는 경마
소와 겨루는 투우

권투 유도 씨름 레슬링 K1 프라이드…… 몸싸움
탁구 정구 농구 배구 송구 축구 야구…… 공싸움
육상 경주들도 재밌고
수중 경기들도 즐겁다

화투며 포커 등 돈싸움
장기며 바둑 등 머리싸움

부부간의 사랑싸움

형제간의 재산싸움
정치꾼들 권력싸움
깡패들의 패싸움
노사 간의 밥싸움

테러와 쿠데타
분쟁과 정복
세계대전
스타워즈

온통 싸움판인 세상
이보다 더 흥겨운 굿판은 없다

## 파리똥

세상을 이미 떠난
어느 대가의 시詩 한 편을 놓고
기라성 같은 비평가들이
화려한 논란을 쏟아냈다

문제가 된 것은
시행詩行의 중간에 찍힌
하나의 피어리드[종지부終止符]였다

수식어와 피수식어를 갈라놓음으로
시정詩情의 미적 확대를 의도적으로 꾀했다.
[비평가 A]

의미의 연결에 포즈pause를 줌으로
이미지의 자동화를 방지한 낯선 장치다.
[비평가 B]

복잡다단한 현대 도시 소시민의 순간적인

의식의 단절을 시각화한 것이다.

[비평가 C]

일상적 구문의 해체로 심리적 갈등 곧

정서의 와해를 표출하려 했다.

[비평가 D]

알다가도 모를 현학적인 해설들이
작품보다 더 어렵게 지상을 수놓았다

거기에 왜 마침표가 들어가야 하나?
아무리 해도 이해를 못한 한 숙맥 시인이
출판사에 찾아가 대가의 친필 원고를
가까스로 찾아보았다

원고에 분명 마침표가 찍혀 있었다

(그러나
그 마침표의 생산자는 대가가 아니라
한 마리의 불손한 파리였던 것을
세상은 아무도 몰랐다)

## 해탈=치매

한 십 년 잘 기르던 난초도 남에게 주고
몇십 년 손때 묻은 벼루도 팽개치고
가죽끈 다 닳은 경전도 내던지고
가사袈裟도 염주도 목탁도
가진 것 다 떨쳐 버리고
빈 몸으로 홀가분히
누워 있는 선사
맑은 평화
무상
공
.

한평생 정성들인 논밭도 다 잊어버리고
한세상 부대낀 식구들도 다 몰라보고
기억의 창고에 가득 쌓인 추억들
희로애락의 그 여린 감정들도
다 벗어 내던져 버리고
참나무 장승처럼
앉아만 있는
치매의
평온
공
.

## 『갓스워드』

『갓스워드』는
1999년 12월 런던의 어느 초라한 고서점에서
프랑스의 한 고고학자에 의해 발견된 책이다
저자도 연대도 망실된 필사본인데
두 세기 전쯤
아일랜드의 한 박물학자가 쓴 것으로
발굴자는 추정했다

그 고고학자는 이『갓스워드』를 읽고
한 달포쯤 실성한 상태였다
그것은 한 시대의 시공을 넘어선
우주의 심장을 뚫는 잠언서箴言書인데
거기에는 이 시대를 지배하고 있는
원시경[텔레비전]과 만능기[컴퓨터]에 대해서도
이미 예언되고 있었다

이 책을 기록한 저자는 아마

당대에는 허무맹랑한 몽상가로 치부되었으리라
몇 백 년을 앞서 간 그를 알아보지 못한
세상 사람들은 다 청맹과니였다
그런데 또 놀라운 것은
그 책의 말미에 덧붙은 몇 줄의 참언讖言이다

구름을 뚫고
큰 손님이 내려오리라
그리고
물이 온 대지를 덮고
불이 온 누리를 태우리라

큰 손님의 하강을
어느 종교인은 신의 강림으로 받아들이고
어느 천문학자는 유성의 출현으로 해석하는가 하면
어느 반전론자는 수폭과 같은 가공의 무기라고
주장한다
그러나 그 손님이 무엇일지

어리석은 사람들은 그가 지나간 뒤에야 비로소
알리라
'갓스워드'의 의미도
God's Word[神語]인지 God Sword[神劍]인지
알 수가 없다

# 숌

태평양의 심해에 살던 신묘한 고동 하나가 내게 찾아왔다.

그놈의 이름이 무엇인지 나는 모른다. 그의 고향 가까이 사는 열대의 원주민들은 그를 어떻게 부르는지, 어류 학자들이 붙인 학명이 무엇인지도 물론 알 수 없다. 아니 그들이 어떻게 부르든 나는 상관 않고 그놈에게 이름을 하나 달기로 한다. 호號라고 해도 무방하다. 조선조의 한 묵객은 이백 몇십 개의 자호를 즐겼거늘 내 그놈에게 호 하나 주기로서니 크게 건방질 것도 없다. '숌'이라고 명한다. 무슨 의미냐고? 아무런 의미도 없다. 그놈의 형상과 빛깔과 감촉과…… 이러한 것들이 내 심상 속에 섬광처럼 돋아난 소리다. 문자다.

도자기보다 더 반짝이며 화사한 뿔고동
보석보다 더 무겁고 단단한 패각貝殼

수국의 요정들이 가지고 노는 주사위인가?

어승魚僧의 사리가 담긴 사리함 같기도 하다.

물이 불을 이긴다는 것은 익히 알고 있었지만

물이 빚어낸 저 화신化身이 불이 구워낸 자기보다 눈부시다.

아 답답도 해라 내 어눌한 혀로 그를 형용할 수 없음이,

차라리 빛의 힘을 빌려 한 컷 붙잡아 보이는 수밖에

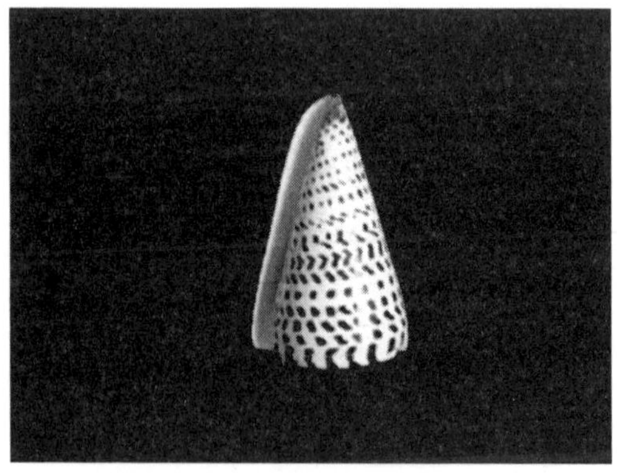

슘 슘 슘

아마도 수궁의 밀서가 그 속에 담겼나 보다.

내 아직 그를 열어 읽을 수 없으니

뭍[陸]과 물[海]의 수교가 또 그만큼 늦어지는 수 밖에…….

## 빈센트 반 고흐에게

한평생 단 한 점의 그림밖에 팔지 못했던,
가난과 무명과 병마에 시달렸던 불행한 화가여,
천국에서의 근황은 어떠하신가?

그곳에도 아틀리에가 있는가?
교만한 화랑, 건방진 화상들이 있고,
우람한 대리석 미술관이 세워졌는가?

그대의 잘린 귀는 여전하신가?
혹 천국의 천진한 이웃들이 숙덕거리며
연민의 눈으로 바라보지는 않는가?

아직도 그림을 그리시는가?
그 세상에도 해바라기며 포플러가 있고
밤이면 주먹 같은 별들이 빛나는가?

그 나라에도 값싼 독주 압생트가 있는가?

사랑하는 동생 테오가 곁에서 보살피고
마음을 줄 수 있는 거리의 여인도 있는가?

천국에서는 그대의 그림을 알아보는가?
그대가 지상에 마지막 남긴 초상화 한 점*이
8,250만 달러에 낙찰된 소식을 알고 있는가?

* 고흐의 사후 100년째인 1990년에 그가 마지막 남긴 「가셰 박사의 초상」이 8,250만 달러(580억원)에 낙찰됨.

# 눈밭에 서서

지난 이른 봄에
친구 따라 팔도 명승지를 돌면서
내가 얼마나 산과 물을 모르고 살았던가
무척 부끄러워했다

지난여름엔
우이동牛耳洞 숲 속을 혼자 헤매면서
내가 얼마나 저 수목들의 이름에 눈이 어두운가
심히 뉘우치기도 했다

지난가을엔
내 집 뜰 한 귀퉁이에서
시들어 가는 이름 모를 풀잎을 보며
그놈이 한해살이인지 여러해살이인지 몰라
못내 안타까와도 했다

그런데 이 겨울

저 눈밭에 나가 서 보고
내가 살았던 한 해가 얼마나
헛된 것이었던가를 드디어 보았다

그놈들이 무슨 이름을 달고 있든
내가 그놈들을 알고 있든 모르고 있든
아무 상관도 없는 것을
공연히 쓸데없는 데 마음을 쓰면서
한 일 년 허송세월한 것을
비로소 보았다

## 민들레가 민들레씨에게

아들아
바람이 오거든 날아라
아직 여린 날개이기는 하지만
주저하지 말고 활짝 펴서 힘차게 날아라
이 어미가 뿌리내린 거친 땅을
미련없이 버리고 멀리 멀리 날아가거라
그러나 남풍에는 현혹되지 말라
남쪽에서 불어오는 바람은 부드럽고 따스하지만
너를 차가운 북쪽 산비탈로 몰아갈 것이다
북풍이 오거든 때를 잃지 말고
몸을 던져 바람의 고삐를 붙잡으라
비록 그 바람은 차고 거칠지라도
너를 먼 남쪽의 따뜻한 들판에 날라다 줄 것이다
아들아
살을 에는 그 북풍이 오거든 말이다
어서 나를 떠나거라
네 날개가 시들어 무디어지기 전에

될수록 높이 솟구쳐 멀리 날아라
가노라면 너의 발아래 강도 흐르고 호수도 고여 있을 것이다
그 강과 호수에 구름이 흐르고 숲들의 그림자가 드리워진 것을
잘못 보아서는 안 된다
그 환상의 유혹에 고개를 돌리지 말고 멀리 멀리 날아라
너의 날개가 다 빠지고 너의 몸이 다 젖어 더 날아갈 수 없을 때
네 눈앞에 햇볕 따스한 들판이 보이거든 그곳에 내려라
그러나 아들아 거친 숲들의 마을은 피하거라
지금은 외롭고 삭막할지라도 인적 없는 조용한 들판
우리들의 키보다 낮은 들풀들이 모여 사는 조용한 마을을 찾으라

네가 처음 발붙이기에는 그래도 아직 그들의 인심이 괜찮을 것이다

아들아

네가 처음 발 디딘 땅이 물기 어린 비옥한 흙이면 얼마나 좋겠느냐

그러나 지금껏 비어 있는 좋은 땅이 너를 기다리고 있으리라 기대하지 말라

이미 자리잡고 있는 이웃들의 틈에 네가 비집고 들어가야 할 것이다

아들아 인내와 겸손으로 새로운 이웃들의 이해를 얻도록 해라

어떤 이웃은 너의 발등을 밟고, 너의 등을 밀어내고

너의 팔을 비틀기도 할 것이다

그러나 세상은 그렇게만 다 거친 것은 아니어서

어떤 이웃은 폭풍이 올 때 그들의 품에 너를 감싸주기도 하고

사나운 벌레들이 접근해 올 때 독을 뿜어 그들을 내쫓기도 할 것이다

아들아 네 이웃이 내게 어떻게 대하든

너는 그들을 사랑하며 참고 견디어 튼튼한 뿌리를 내리도록 해라
어느 날 밤 봄비를 맞아 네 키가 나만큼 자라면
다음 날 아침 네 이웃들의 낮은 어깨 위에 우뚝 솟아오른
너의 모습을 볼 것이다
그리고 운이 좋으면 바로 네 이웃에
네 또래의 민들레 아가씨가 방글거리며 웃고 있는 것을
만나게 될 것이다
그러나 민들레 아가씨가 주위에 보이지 않더라도 너무 실망하지 말라
기다리노라면 내일 아침쯤 아니 언제쯤엔가는
너처럼 그렇게 날아서 네 곁에 내려앉을 것이다
그러거든 아들아 서로 사랑하여라
하늘의 별들이 으스러지도록 사랑하여라
그리하여 너도 어른이 되어 예쁜 민들레 씨들을

가지게 되면
나처럼 그렇게 너도 일러주거라
북풍이 오면 어서 멀리 멀리 날아가라고
따뜻한 새 세상 찾아 멀리 멀리 날아가라고
이것이 생명의 길이란다

# 바우의 탄식

아씨,
나를 알아보시겠어요?
30여 년 전 어느 동짓달 그믐밤
밤서리 맞으며 도망쳐 갔던
천한 마름의 자식 이 바우놈을
아직 기억하시지요?
설마 잊지는 않으셨지요?

내 등짝엔 아직도
박힌 채찍의 자국들이
용의 꼬리처럼 꿈틀거리고
주리에 틀렸던 두 팔목은
활의 시위처럼 흔들리네

아씨,
무엇이 당신의 그 고운 자태를
이렇게 헤집어 놓았는가

윤기 흐르던 그 검은머리는 어디 가고
서리 같은 백발만 흩날리네
천도보다 부드럽던 그 은백의 살결엔
악마의 발자국 같은 주름살만 고여 있구나

아, 그러나
나를 보는 그대의 눈빛은 아직
살아 있구나
나의 한평생을 삼킨
저 깊은 눈빛은 아직도
빛나고 있구나

당신은 알 리 없지
하늘을 향해 천만 번 다짐했던 나의 맹세를
사방 수천 리 광대한 성을 쌓아
당신을 나의 여왕으로 가두겠다는
은밀한 내 음모를 당신은 알 리 없지

한때는 바다에서
태풍의 밧줄에 내 손은 이렇게 갈라지고
한때는 대장간에서
무거운 해머로 내 팔목은 이렇게 굳어졌네
등짐으로 내 종아리는 차돌처럼 알이 박히고
목도로 내 어깨는 황소처럼 벌어졌네

아씨여, 말을 해 다오
한세상 여기까지 어떻게 왔는가
행운의 여신이 그대를 외면했단 말인가
때로는 굶고 때로는 노숙을 하면서
마차도 없이 먼 길 걸어서 왔는가
입술도 발바닥도 다 부르텄고나
말을 해다오 가련한 여인이여
답답도 하구나
그대의 소원은 무엇인가
나는 지금 억만 장자

그대가 원한다면
황금의 성을 쌓아 바칠 수도 있네

아, 젖은 눈으로 그대는 말하는구나
그것은 지나간 한때의 허망한 꿈이었다고
천한 마름의 자식이
귀한 주인의 딸을 사랑할 순 없었다고 –
그렇게 말하지 말라 아씨여
나는 이렇게 돌아왔지 않는가
이 땅과 당신을 얻기 위해
한평생 죽도록 달리고 달려서
드디어 이렇게 여기 돌아왔지 않는가
이제 무엇이 우리를 거역할 수 있단 말인가

불쌍한 아씨여
손을 좀 다오
마른 나뭇가지처럼 앙상도 하네

손톱은 굳어져 빛을 잃고
손바닥은 못의 옹이들로 갈라졌구나
신이여 비노니
여기에 생명의 물기를 더하소서
봄이면 수목들의 마른 가지에 물이 올라
재생의 기쁨을 누리듯이
이 여인에게도 봄을 주소서
신이여 말하소서
어떻게 하면 이 여인에게
다시 봄을 허락하시겠나이까?
천 캐럿의 금강석을 이 여인의 손가락에 매달까요?
천의 밤낮을 엎드려 기원을 드릴까요?
천만의 마차에 곡식을 실어
온 천하에 뿌리고 다닐까요?

내 한평생 달리고 달려
그대에게 이렇게 돌아왔는데

시간의 악령이 그대를 이처럼
헤집어 놓고 말았구나
청춘을 돌려 다오
우리들의 청춘을 돌려 다오
내 가진 억만 금 너에게 다 줄 테니
시간의 악령이여
우리들의 청춘을 돌려 다오
단 하루만이라도
우리들의 청춘을 돌려 다오

## 빙옥도氷玉島

- 빙옥도[氷玉島,Ice-pearl]는 남태평양에 있는 작은 섬이다. 오색의 영롱한 빛깔을 띤 아름다운 조약돌들이 해안을 덮고 있다. 만조滿潮에 이 섬을 내려다보면 마치 한 마리의 청개구리 형상이다. 그러나 간조干潮에 보면 영락없는 도마뱀이다. 말하자면 빙옥도는 긴 꼬리를 달고 있는데 그 꼬리는 썰물인 때만 드러나게 된다. 이 섬은 이름난 뱃놈 메피스토가 처음 발견한 무인도다. 어느 날 메피스토는 그의 친구 안토니오 내외를 요트에 태우고 와서 그의 섬 빙옥도를 구경시킨다. 메피스토, 안토니오 그리고 그의 아내 바바라는 한 마을에서 자라난 죽마고우들이다. 다음의 글은 메피스토의 독백이다.

바바라,
당신은 이 언덕에서 기다려요
갯벌이 험해서 우리를 따라가기는 어려울 테니까
심심하면 갯바위에 매달린 굴을 따든지
웅덩이에 갇힌 게나 새우들을 잡아도 좋겠오
한 둬 시간쯤 지난 뒤
우리가 돌아오게 되면 당신은

아마 세상의 캐럿으로는 잴 수도 없는
엄청난 다이아몬드를 안게 될 것이요
안토니오, 어서 서둘러 떠나세
나는 망치와 끌을 짊어지고 갈 테니
자네는 로프를 둘러메고 가세 그려
조수가 밀려오기 전에 서둘러 다녀와야지
이 영롱한 조약돌의 무리들을 보게
마치 용의 꼬리에 매달린 비늘 같지 않는가
이끼가 묻어 미끄러우니 조심하게나
그래 바닷바람도 상쾌하지
바다의 물결은 하프처럼 흔들리고
아침 햇살도 눈부시지 않는가?
우리가 지금 밟아가는 여기가 이 섬의 꼬리일세
꼬리의 끝에 5, 6미터 높이의 곧은 석주石柱가 있는데
그 돌기둥의 윗부분이 온통 금강석金剛石으로 덮여 있다네

자네 같은 알피니스트면야 식은 죽 먹기겠지만
나 같은 물놈이야 바위를 탈 수 있어야지
밑에 떨어진 몇 개의 부스러기를 줍는 것만으로도
이제는 뱃일도 팽개치고 이렇게 빈둥대며 지낼 수 있게 됐다네
믿을 만한 사람을 찾던 중
우리들의 옛 친구 바로 자네를 선택하게 된 것이야
저놈들은 상어지
갈기를 번득이며 무리를 지어 달리는 저놈들은
이빨이 사나운 바다의 사자들이지
바바라가 손을 흔들고 있군
옛날처럼 아직도 여전히 아름답네 그려
우리들의 고향은 얼마나 평화로운 마을이었던가!
자네 집 넓은 광 속에 숨어 숨바꼭질도 하고
수수밭에 뒹굴며 간지럼도 많이 했었지
나는 바바라를 자주 울린 편이었고
그럴 때마다 자네는 늘 달래 주곤 했었지

나는 대장지기의 천한 아들이었고
자네는 대지주를 아버지로 둔 귀공자였지
바바라의 포도원에서 함께 놀던 우리들은
나이가 들면서 서로 다른 길을 걸었지
자네는 먼 도시의 학교로 유학을 떠났고
나는 더운 대장간에서 해머만 열심히 내리쳤네
한 10년쯤 지나간 뒤 자네는
이름난 알피니스트가 되어 고향에 돌아왔지
킬리만자로의 정상을 최초로 밟은 우리 고장의 영웅이라고
주민들은 플래카드를 높이 걸고 자네를 환영했었지
그리고 자네는 젊은 나이로 주의회의 의원이 되고
아무런 장애도 없이 아름다운 바바라를 신부로 맞았지
안토니오, 내가 고향을 등진 것은 바로 그날 밤이었네
자네들이 성당에서 혼배성사를 올리던 그날 말일세

아, 저기 우리의 보고寶庫 석주가 서 있군
기둥의 머리가 햇빛을 받아 반짝이는 게 보이지?
이제 십여 분 후면 금강석金剛石의 성城에 오를 수 있을 걸세
고향을 등진 나는 바다로 밀려갔지
고깃배를 타고 망망한 대해에서 파도와 싸우며 그물질도 해 보았고
상선商船의 갑판에 올라 하역荷役을 하면서
이국의 수많은 항구들을 드나들기도 했지
화려한 도시의 도박장에서 전 재산을 하룻밤에 다 날려도 보았고
폭풍으로 파선한 뱃조각을 붙들고 무인도에 표류해 본 적도 있다네
이 빙옥노의 꼬리는 바로 나의 표류지漂流地—내 생명의 은토恩土일세
안토니오, 드디어 도착했네
이 장엄한 보석의 돌기둥을 보게나

어서 로프를 걸어 저 기둥의 정상으로 기어오르세
밀물이 달려오기 전에 말일세
줄이 잘 걸렸는가?
자네가 먼저 오르게나 내가 뒤를 따를 테니
천하의 알피니스트도 이 미끄러운 바위를
줄 없이는 못 오르겠지?
자, 어떤가? 여기서 내려다보는 조망이 말일세
다이아몬드가 어디 있느냐고?
반짝이는 것은 금강석이 아니라 석영石英이라
고?
너무 서두르지 말게나 나도 이미 알고 있었다네
이 순진한 사람아, 세상에 그런 큰 보석이 설령
있다고 치세
자네 같으면 친구와 나누어 가지겠나?
안토니오, 자네를 속였다고 너무 노여워하지 말게
다이아몬드보다 더 값진 보석을 우리는 아직 가
지고 있네

저 해안에서 우리를 기다리고 있는 바바라 말일세
서둘러 내려갈 생각은 하지 말게
로프는 이미 물속에 떨어졌네
잠시 기다리노라면 조수가 차오를 것이고
그러면 우리는 헤엄쳐 되돌아갈 수 있네
이제 밀물이 밀려들기 시작하는군
자네는 헤엄을 잘 못한다고?
왜 이런 짓을 하느냐고?
그래 얘기해 주지
애초 우리들의 경주는 출발부터서 너무나 불공정했네
자네는 수백만 에이커의 거대한 토지를 후원군으로 지녔고
나는 서너 평 대장간의 불구덕이 유일한 후견인인 셈이었지
모든 기회는 자네에게만 주어졌고
세상은 일방적으로 자네의 편이었네

그래서 자네는 킬리만자로의 정상에까지 기어오를 수 있었고

나는 바다의 밑바닥까지 밀려 내려가지 않았던가?

안토니오, 내가 바바라에게 구애求愛한 사실을 아는가?

그것도 한두 번이 아니라 아홉 번씩이나 말일세

애초에 우리들의 여건이 뒤바뀌었더라면

바바라는 자네가 아니라 내 아내가 되었을 것일세

우리들의 경주는 너무나 불공평했지 않는가?

자, 이제 새로운 경주를 해 보세

우리들의 출발점을 좀 바꾸어서 말일세

뭍[陸]에서는 내가 너무나 열세였지만

물[海]에서는 내가 좀 나을 듯도 싶네

조수가 이미 섬의 꼬리를 삼켜가고 있군

물이 더 차오르면 바바라를 향해 헤엄쳐 가도록 하세

먼저 도착한 자가 우리들의 보석을 얻기네

욕설은 그만 하고
자, 자네가 먼저 뛰어들게나
잘못하면 상어의 밥이 될 수도 있네

## '하나'의 노래

사랑이여, 어이할거나
그대 이 지상의 절대여
어이 떨어져 갈거나
내 곁에 그대가 묻혀도
그대 곁에 내가 묻혀도
우리들이 흩어져 가는 길
서로 다르고도 멀고나
내가 혹 잣나무 뿌리로 스며 지상에 오르면
그대는 멧새의 눈물 한 방울로 하늘을 날까?
내가 혹 남한강 물결 속에 젖어 바다로 바다로 흐를 때
그대는 아침 안개로 강물을 훑다 구름으로 떠날까?
하지만, 나도 나를 모르거늘
그 멧새, 그 안개 내 어이 부르리
사랑이여,
이 영겁의 이별 어이 슬퍼 맞으리

아니로다
그렇지 않구나 사랑이여,
우리는 처음 하나에서 그렇게 왔듯이
하나로 다시 돌아가는구나
내가 태평양의 어느 무인도에 묻히고
그대가 서장西藏 고원의 어느 계곡에 묻혀도
우리들이 가는 길은 같구나
보라, 한 억만 년쯤 지나다 보면
우리가 쏟은 피와 살 흩어지고 흩어져
온 바다와 온 들판에 가득하리니
그대 속에 내가 스미고 내 속에 그대가 스며
온 세상이 바로 우리, 하나가 아닌가?

원수여, 우리도 한 몸이구나
내 사랑처럼 그렇게 한 곳에서 왔다
내 사랑처럼 그렇게 한 곳으로 돌아가는
한 몸이구나, 한 몸

무엇이 우리를 갈라놓았는가?
욕심이로다, 이 지상의 것들에 대한 부질없는 욕심
그것이 우리를 눈멀게 했도다

저 들판을 달리는 짐승들이여,
하늘을 나는 뭇 새들이여,
숲이여, 잡초여, 벌레들이여,
아니, 무한 성운星雲의 빛이여,
우리는 모두 하나
한 곳에서 왔다 한 곳으로 돌아가는 하나
우리는 곧 이 세상이로다
사랑이여, 너의 이름을 바꾸어 부르면 원수요
원수여, 너의 이름을 바꾸어 부르면 사랑이로다
우리는 하나요 영원이로다

# 호메로스

2104년 봄 어느 날 새벽
대기권 밖에 설치된 천체 망원 렌즈에
새로운 별이 하나 붙잡혔다
사람들은 그 렌즈의 이름을 빌어
그 별을 호메로스라고 명명했다
그 뒤 호메로스는
수많은 천문학자들에 의해 추적되었는데
아홉 개의 긴 꼬리를 달고 은하계를 떠도는
초록빛 낙지 모양의 아름다운 혜성이라고 했다

2104년 여름
영국의 그리니치 천문대는
호메로스가 태양계의 외곽을 뚫고
우리들의 세계로 끼어들었다고 보도했다
지상의 모든 망원경들은 가슴을 조이면서
초대받지 않은 태양계의 새 손님
호메로스에게 초점을 맞추었다

2104년 가을
미국의 항공우주국은
호메로스는 지구보다 70배쯤 큰
초속 1,000km의 놀라운 속도로
태양계의 중심을 향해 돌진해 들어오고 있는
녹색의 불덩이라고 보도했다
그러면서, 극히 기적적인 확률이긴 하지만
태양계의 아홉 개 떠돌이별 중
어느 것과 혹 충돌할 수도 있는 가능성을
완전히 배제할 수는 없다고 덧붙였다

2104년 11월 12일
호메로스는 천왕성과 불과
1천만km의 간격으로 스치며 지나갔다

2104년 12월 6일
지상의 모든 생명들은

지구를 향해 다가오는 거대한 불덩이 호메로스를
경악에 찬 눈으로 지켜보고 있었다
신문과 방송들은 종일 아우성을 치고
끓어오르는 PC의 모니터들 앞에서
모든 일터의 일손들은 손을 멈추었다
한 시대를 주름잡는 정치가들도
천만 군병을 거느린 장군들도
억만금을 쥐고 있는 억만장자들도
다 속수무책
수만 개의 원자폭탄을 일시에 터뜨린다 해도
호메로스의 진로를 1mm도 바꿀 수 없다고
한 천문학자가 침통하게 부르짖었다

2104년 12월 7일
브라질의 한 인디오 소녀는 그의 일기장에
"지구는 밤을 잃었다"고 기록했다
태양이 지고 나면 호메로스가 동편에 돋아

태양처럼 지상을 다시 밝히고
하늘의 별들을 삼켜버렸다

2104년 12월 8일
알라스카의 한 에스키모 노인은
"우리들의 세상은 이제 무너졌다"고 중얼거렸다
그들의 백야白夜 위엔
불타는 호메로스가
지지 않고 걸려 있었다
빙산의 만년설은 무너져 내리고
빙하의 굳은 얼음 바다는 금이 갔다

2104년 12월 9일
아프리카 사하라 사막엔 종일 폭우가 내려
한 선교사의 뒤집힌 막사가
모래의 강물에 떠내려갔다
"주여, 이렇게 오시나이까"

그는 홍수 속에 휩쓸려 묻히면서
그렇게 울부짖었다

2104년 12월 10일
모든 전자기기의 바늘은 방향을 잃고
모든 동력들은 힘없이 주저앉았다
지구는 백열전구처럼 밝았지만
전파와 전신이 끊어진 세상은
암흑의 수렁이었다

2104년 12월 11일
뉴욕의 상공에 뜬 호메로스는
드디어 온 하늘을 불태우면서
번개처럼 세상을 가르고 지나갔다
그를 본 지상의 모든 온도계들은 자폭을 하고
거대한 폭풍의 손이 지표의 모든 것들을 뽑아올려
허공 속에 찢어 던졌다

바다의 물결은 그를 향해 수백m나 솟아올랐고
불타오르는 산야와 도시들 위에 다시
산맥보다 높은 해일들이 몰려와 휩쓸고 지나갔다

2104년 12월 12일
호메로스가 겨우 8백만km의 간격으로 스치고 지나간 뒤
끓어오르는 대기는 뜨거운 먹구름으로 지구를 덮었다
빙하는 녹아 폐허의 대지를 삼키기 시작하고
인간들이 빚은 지상의 모든 바벨탑들은
깊은 어둠 속에 묻혔다

2104년 12월 13일
지구는 다시 기온이 내리면서
새로운 빙하기
천만 년의 깊은 잠 속에
서서히 빠져들기 시작했다

# [시에 대한 담론]

# 시정신에 관하여

임 보

시정신이란 말이 시를 논하는 자리에서 자주 거론된다. 그런데 막상 무엇이 시정신인가를 따져 물으면 그 대답이 석연치만은 않다. 시정신이란 작게는 개별적인 시 작품들 속에 내재해 있는 정신을 가리키기도 하고, 크게는 다른 문학 장르와는 달리 시를 시 되게 하는 시문학의 정신적 특성을 이르는 말로 사용하기도 한다. 편의상 전자를 협의의 시정신 그리고 후자를 광의의 시정신이라고 부르기로 하자.

개별적인 작품들 속에 담겨 있는 협의의 시정신들이 모여 한 시인의 시정신을 형성하고, 동시대를 살고 있는 시인들의 시정신이 그 시대의 시정신을 형성하게 되며, 시공을 초월해서 시인들이 지닌 보편적인 시정신이 시문학의 특성을 드러내는 광의의 시정신이 된다. 따라서 협의의 시정신은 구체적이고 개별적인 것이라면 광의의 시정신은 보편적이며 종합적인 것이라고 할 수 있다.

어떤 이는 시에서의 정신 같은 것을 아예 무시하려고도 한다. 즉 예술은 기술이 문제니까, 언어 예술인 시도 언어를 잘 다룰 수 있는 기교적인 것만 중요시하면 된다는 것이다. 마치 나무를 잘 다루는 목수처럼 언어를 잘 다루는 기술만 있으면 좋은 시를 쓸 수 있다고 믿는 모양이다. 그러나 목수가 만든 가구 속에도 정신이 들어 있다. 속된 정신이든 고매한 정신이든 정신적인 요소가 배어 있게 마련이다. 보통의 목수가 만든 가구와 인간 문화재급의 장인들의 손에 의해 만들어진 그것은 분명 풍격風格이 다르다. 기술의 수준에서 오는 차이뿐만이 아니라, 작가의 인품과 정신력이 크게 관여하기 때문이다. 하물며 의미를 지닌 언어 구조물인 시가 작자의 정신적 세계와 무관하다는 생각은 납득할 수 없는 견해다. 하찮은 잡문 속에도 글쓴이의 넋이 서려 있거늘 하물며 언어 예술의 정수라고 하는 시는 더 말할 나위도 없지 않겠는가.

무릇 모든 발언은 발화자의 의도에서 비롯된다. 말하자면 인간은 무엇인가를 실현하고자 언어를 구사한다. 아무런 목적의식이 없는 발언은 존재하지 않는다. 그 목적의식을 욕망의 실현이라고 해도 상관없다. 시라는 형식의 언술도 분명 목적의식을 지니고 있다. 말하자면 시는 시인의 욕망 실현의 한 수

단이라고 할 수 있다.

그런데 시를 통해 실현코자 하는 시인들의 욕망은 보통 사람들이 언술을 통해 실현코자 하는 욕망과는 같지 않다. 지금까지 수많은 사람들의 흉금을 울려온 좋은 시들을 살펴보건대 그 작품들 속에 서려 있는 시인의 욕망은 세속적인 것과는 사뭇 다르다. 그것은 맑고 깨끗한 승화된 욕망이다. 나는 이를 이상적인 시정신으로 삼고자 한다. 이 시정신은 진·선·미를 추구하고 염결廉潔과 절조節操를 중요시하는 선비정신과 상통한 것으로 나는 보고 있다.

나는 앞에서 개별적인 작품들 속에 담겨 있는 협의의 시정신들이 개인의 시정신을 형성하고, 개인의 시정신들이 모여 광의의 시정신을 형성한다고 말했다. 이러한 귀납적인 논리와는 달리 반대로 연역적인 논리도 가능하다. 즉 한 시대가 요구하는 시정신이 여러 시인들의 호응을 얻어서 그러한 시정신을 바탕으로 한 개별적인 작품들을 생산해 내게도 할 수 있다. 귀납적인 논리는 결과를 중요시하고, 연역적인 논리는 원인을 중요시한 사고다. 전자는 시에 대해 수동적으로 대처하는 자세라면 후자는 능동적으로 대처하는 자세다.

오늘의 한국시단을 나는 부정적으로 진단한다. 시

에서 감동성이 사라져 가고 있다. 시가 읽는 이에게 흥겨움과 감동으로 다가오는 것이 아니라, 오히려 답답함과 괴로움을 안겨준다. 시가 욕설인가 하면 말장난이요, 잡배들의 장타령처럼 난삽한가 하면 술 취한 자의 주정처럼 거친 푸념 같기도 하다. 시가 이처럼 퇴락하게 된 요인은 무엇인가? 나는 그 원인을 자유시에 대한 잘못된 인식과 무분별한 모방 행위 때문이라고 지적한 바 있지만, 여기에 하나를 더 첨가하자면 고매한 시정신의 상실을 들 수 있을 것 같다. 오늘의 시에는 청렬한 시정신을 담고 있는 작품들이 흔치 않다. 고결한 선비정신을 지닌 시인들이 많지 않다.

오늘날 실추된 시의 위의威儀를 회복하기 위해서는 무엇보다도 시정신을 되살리는 일이 급선무다. 양질의 상품 생산을 독려하는 운동이 있는 것처럼 오늘의 시단에 청렬한 시정신을 불러일으키는 운동이 절실히 필요하다. 어떤 이는 '자유'를 핑계삼아 청렬한 시정신으로 우리 시의 정체성을 수립하자는 데 선뜻 동의하지 않을지도 모른다. 그러나 우리의 현대시가 어디로 가든 오불관언 방관 방치한다면 이는 태만을 넘어 자신의 소임을 저버리는 무책임한 일이 아닐 수 없다. 우리 시가 긍정적이고 바람직한 방향으로 발전해 갈 수 있도록 모색하는 것이 어찌 우리의 소중한 책무가 아니겠는가.

시는 언어의 정련 못지않게 정신의 성련을 필요로 한다. 시인은 언어를 다루는 기술자이기 이전에 정신을 다스리는 수행자여야 한다.

**지상의 하루**



초판 1쇄 인쇄 | 2017년 1월 5일
초판 1쇄 발행 | 2017년 1월 7일

지은이 | 임 보
발행인 | 홍해리
편집인 | 임 보
편 집 | 방수영
교 정 | 임채우 나병춘
펴낸곳 | (사) 우리詩진흥회 · 도서출판 움

등록번호 | 제2013-000006호(2008년 5월 2일)
01003 서울시 강북구 삼양로 159길 64-9
전화 | 02) 997-4293
전자우편 | urisi4u@hanmail.net

ISBN : 978-89-94645-29-2
ISBN : 978-89-94645-01-8 (세트)



* 이 도서의 국립중앙도서관 출판예정도서목록(CIP)은 서지정보유통지원시스템 홈페이지(http://seoji.nl.go.kr)와 국가자료공동목록시스템(http://www.nl.go.kr/kolisnet)에서 이용하실 수 있습니다. (CIP제어번호 : 2017000194 )